AF370264

EDICT DV ROY

PORTANT CRATION

de trois Receueurs des deniers patrimoniaux & d'octroy en chacune ville de ce Royaume.

Juin 1621.

Verifié en la Chambre des Comptes, le 29. Decembre 1629.

A PARIS,

Par P. METTAYER, A. ESTIENE, & C. PREVOST, Imprimeurs ordinaires du Roy.

M DC. XXX.

Auec Priuilege de sa Majesté.

(15)

LOVIS par la grace de Dieu Roy de France & de Nauarre, A tous preſens & à venir, Salut. Les feux Roys nos predeceſſeurs de bonne memoire, ayans touſiours eu en ſinguliere recommandation que les villes de ce Royaume fuſſent non ſeulement entretenuës de bonnes & ſuffiſantes reparations & fortifications, mais auſſi decorées & embellies autant qu'il ſeroit poſſible, tant pour leur donner moyen de ſe conſeruer en temps de guerre contre les entrepriſes de leurs ennemis, que pour accroiſtre le luſtre & reputation d'icelles ; Ils auroient pour cét effect accordé en diuers temps aux Bourgeois & Habitans deſdites Villes, pluſieurs dons, octrois, & autres leuées de deniers ſur le Vin, Sel & autres viures & marchandiſes, meſme pour le payement des rentes conſtituées ſur aucunes deſdites Villes, & autres diuers ſujets : deſquels deniers, enſem-

A ij

ble des deniers cōmuns & patrimoniaux
defdites Villes, ils auroient laiffé l'entiere
adminiftration aux Maires, Efcheuins,
Iurats & Capitouls d'icelles, pour les faire employer par leurs Ordonnances aux
effects où ils font deftinez; & dont le maniement auroit efté fait par des perfonnes
qu'ils y auroient commis, pour n'y auoir
par nofdits predeceffeurs efté pourueu à
caufe de la modicité defdits deniers. Mais
comme par vne fuitte d'années & les ne-
ceffaires defpenfes qu'il auroit conuenu
faire pour reparer les principales ruines
arriuées aufdittes Villes durant la confu-
fion des guerres furuenuës en ce Royaume, lefdits octroys & autres deniers communs d'icelles fe feroient trouuez grandement accreus, tant au moyen des nou-
uelles conceffions à eux faites par nofdits
predeceffeurs, qu'augmentatiō des droits
des anciens octroys, fpecialement fous le
regne du feu Roy Henry III. noftre tres-
cher Seigneur & oncle que Dieu abfolue,
Lequel ayant d'ailleurs recogneu qu'en
l'adminiftration defdits deniers, il s'eftoit
commis plufieurs abus & diuertiffeméns
procedans de la faute des Ordonnateurs,

& de l'exces du pouuoir qu'ils auoient sur les Commis au maniement d'iceux, à cause qu'ils y estoient mis & establis de leur main ; Auroit pour remedier à ce desordre par son Edict du mois d'Octobre 1581. creé & erigé en tiltre d'Office formé en chacune desdittes Villes & Bourgs, vn Receueur pour faire le maniement de tous lesdits deniers par les ordonnances desdits Maires & Escheuins, Consuls, Iurats & Capitouls, auec attribution d'vn sol pour liure des deniers de leur maniement : afin que ne dependãt plus de leur nomination ils peussent plus librement s'acquiter de leurs charges, selon son intention & le serment qu'ils en feroient en ses Chambres des Comptes, & non plus à la deuotion desdits Ordonnateurs, comme ils auoient fait par le passé : Lequel Edict auroit esté incontinẽt verifié & executé par l'establissement desdits Receueurs en la pluspart desdittes Villes, qui auroit apporté telle vtilité & remede au mal & desordre passé, que saditte Majesté & les Habitans d'icelles en auroient receu tout contentement. Mais estant depuis arriué que pour la violence des troubles qui cõ-

A iij

mencerent en l'année 1588. ledit Edict
fut à la sollicitation d'aucuns desdits Maires & Escheuins compris en la reuocation
generale faitte à Chartres au mois de May
audit an , plusieurs desdits Offices dont
les quittances n'auoient encore esté ex-
pediées, seroiẽt demeurez à leuer, & quel-
ques autres estãs venus à vaquer par mort
par interualle de temps , seroient demeurez supprimez conformément aux termes
de ladite reuocation : De maniere que par
ce moyen le maniement desdits deniers,
ayant esté remis en la main des Commis
desdits Maires & Escheuins en plusieurs
desdittes Villes, les mesmes abus du passé
s'y font de nouueau glissez & introduits,
dont nous receuons iournellement des
plaintes tant de la part des Habitans de
nosdittes Villes, que des Gouuerneurs &
Lieutenans generaux de nos Prouinces.
Ce qui nous fait recognoistre par expe-
rience , le preiudice que laditte suppres-
sion a opporté à nostre seruice : à quoy il
est d'autant plus important de pouruoir,
qu'à l'occasion desdits abus & diuertisse-
mens de deniers, nosdittes Villes n'estans
bien entretenuës dé reparations & forti-

fications neceſſaires, elles ſont plus expo-
ſées aux entrepriſes des pertubateurs du
repos public. Et eſtimans n'y pouuoir
mieux remedier que par le reſtabliſſemēt
& ampliation dudit Edict, pour les conſi-
derations ſuſdittes & autres plus particu-
lierement exprimées in iceluy, ioint que
cette attributiō dudit ſol pour liure obli-
gera leſdits Receueurs pour leur propre
intereſt de s'oppoſer auſdits abus, & empeſcher les monopoles qui ſe font d'ordi-
naire aux adiudications des fermes deſdittes Villes, qui ſont cauſe de les faire
grandement diminuer; en laquelle diminution elles ſont beaucoup plus intereſ-
ſées, qu'elles ne peuuent eſtre en laditte
attribution; d'autant qu'en la pluſpart
d'icelles leſdits Commis iouïſſent du meſme droict; qui ne peut apporter aux autres, où les gages & droicts ſont moin-
dres, tant de diminution au fonds deſdittes Villes, comme il fera d'augmentation
par l'obligation qu'ils auront à tenir la
main, que leſdittes fermes ſoient adiugées
à leur iuſte valeur, afin de faire valoir
leurdit droict; ſelon que nous l'auons déja
recogneu par effect en pluſieurs de nos

meilleures Villes où il y a des Receueurs titulaires exerceans auec ladicte atttibu-tion en vertu dudit Edict ; à l'inſtar deſquels nous auons iugé deuoir faire le meſme eſtabliſſement en toutes les autres , en y adiouſtant toutefois l'ampliation que nous auons trouué neceſſaire , nommément des Alternatifs & Triennaux qui ont eſté depuis creez en toutes les recep-tes ; & ce pour rendre l'ordre dudit maniement vniforme & plus aſſeuré , eſtant fait par noſdits Officiers bien cautionnez, que par leſdits Commis, qui pour la pluſpart ne baillent aucune caution , diſſipent & emportent bien ſouuĕt les deniers deſdittes Villes, au preiudice du public, & de l'honneur deſdits Maires & Eſcheuins, Conſuls, Iurats & Capitouls, qui font ordinairement les Elections deſdits Commis par brigues & faueurs; & nous arriuera encores ce bien dudit eſtabliſſement, qu'outre l'vtilité & le ſoulagement que le public & le particulier en receuront, nous pourrions tirer vn notable ſecours de ce qui prouiendra de la compoſition deſdits offices , pour nous ayder & ſubuenir à la ſolde des armées qu'il nous conuient en-

tretenir

tretenir pour la m utention & conser-
uation de noftre   thorité, en laquelle
confifte le repos & feureté de nos fubjets.
A CES CAVSES, Sçauoir faifons qu'a-
pres auoir meurement deliberé de cette
affaire en noftre Confeil où eftoient aucuns Princes, Officiers de noftre Couron-
ne & Seigneurs de noftredit Confeil, &
de nouueau fait voir en iceluy ledit Edict
du mois d'Octobre 1581. DE L'ADVIS de
noftredit Confeil & de noftre certaine
fcience, pleine puiffance & authorité
Royale; Auons par cettuy noftre prefent
Edict perpetuel & irreuocable, reftably
& reftabliffons ledit Edict du mois d'O-
ctobre 1581. & amplifiant iceluy, creé, erigé, creons & erigeons en titre d'offices
formez trois Receueurs defdits deniers
communs, patrimoniaux & d'octroy en
chacune des Villes de noftre Royaume;
A fçauoir vn Ancien, Alternatif & Trien-
nal, à la charge d'indemnifer ceux qui fe
trouueront pourueus & eftablis en vertu
dudit Edict, du preiudice qu'ils receuront
à caufe de la prefente creation, ainfi qu'il
fera iugé & arbitré en noftredit Confeil,
pour faire chacun en l'année de leur exer-

B

cice , en vertu des ordonnances defdits Maires , Efcheuins Confuls , Iurats
& Capitouls , la recepte & defpenfe de
tous lefdits deniers communs , patrimoniaux & d'octroy, mefmes de ceux affectez
au payement des rentes deuës par lefdittes Villes où il n'y a aucuns Payeurs pourueus, refection des Ponts dont ils ont l'adminiftration , conftruction de baftiments
publics qui fe font & feront pour la necef-
fité & conferuation d'icelles & autres affaires communes ; lefquels Receueurs en
ce faifant prendront garde que lefdittes
ordonnances qu'ils auront à acquiter,
foient conformes à l'intention & deftina-
tion defdits octroys & autres deniers , &
fans aucune fraude , fuppofition, dégui-
fement, ny diuertiffement ; pour en ce cas
les payer auffi-toft, ou bien les differer, &
s'en plaindre aufdits Maires , Efcheuins,
Confuls , Iurats & Capitouls , pour les
faire reformer ou reuoquer s'il y échet ;
mefmes aux Procureurs Generaux de nos
Chambres des Comptes qui feront tenus
d'en faire auec eux inftance , & en empef-
cher le payemenr , s'il arriue qu'ils n'y
veuillent pouruoir ; à ce que par ce moyen

les abus du paſſé puiſſent ceſſer, & que
tous leſdits deniers ſoient fidellemét em-
ployez aux effects où ils ſont deſtinez ; ſur
peines auſdits Receueurs de reſpondre
des payemens qui ſe trouueront auoir eſté
abuſiuement faits au preiudice de la de-
ſtinatió deſdits octroys, & autres deniers,
& les recouurer ſur eux. En conſideration
dequoy pour leur donner ſujet d'y apporter le ſoing neceſſaire, meſme d'empeſcher par leur propre intereſt leſdits monopoles qui ſe font aux adiudicatiós deſdittes fermes, leſquelles ne ſont par ce
moyen adiugées à beaucoup pres de leur
iuſte valeur : N o v s leur auons attribué
& attribuós par forme de gages à chacun
quatre deniers pour liure, tant en exercice que hors iceluy, faiſant en tout vn ſol,
conformément audit Edict, de ce que
montera la recepte totalle du maniement
deſdits deniers ; leſquels quatre deniers
leſdits Receueurs prendront par leurs
mains aux années de leurs exercices ; &
hors icelles ils en ſeront payez par leurs
compagnóns d'offices ſur leurs ſimples
quittances de quartier en quartier, &
iouïront auſſi des honneurs, exemptions,

B ij

priuileges, franchiſes, libertez, droicts de
quittances, receptions de cautions & autres droicts, profits & émolumens dont
iouïſſent à preſent leſdits Commis, & ainſi qu'ont accouſtumé faire nos autres Receueurs deſdittes Villes, en payant par
ceux qui ſeront par nous pourueus deſdits
offices, la finance à laquelle ils ſeront mo-
derément taxez en noſtredit Conſeil: leſquels nouueaux pourueus iouïront de la
diſpéſe des quaráte iours ainſi que nos autres Officiers, en payát le droit annuel apres
l'année preſente & la prochaine expirées,
durant leſquelles ils en demeureront dé-
chargez, comme auſſi du preſt & aduan-
ce qui ſe fait en la preſente: Enſemble du
droict de Marc d'or pour les premieres
prouiſions, afin de faciliter l'eſtabliſſement deſdits Offices, voulons qu'aux Bu-
reaux & aſſemblées deſdittes Villes, leſdits Receueurs ayent entrée, rang, ſcean-
ce, & voix auec leſdits Maires, Eſcheuins, Conſuls, Iurats & Capitouls, ſelon
leur ordre & reception; meſmes qu'aux
Villes dont le maniement montera qua-
rante mil liures & au deſſus, ils puiſſent
prendre la qualité de nos Conſeillers &

Receueurs Generaux defdits deniers cõ-
muns patrimoniaux & d'octroy, auec auffi
celles de payeurs des rentes aux lieux où il
y en aura , & où il n'a efté eftably aucun
payeur : Lefquels Receueurs pourrõt employer au recouurement des deniers de
leur recepte, tel Huiffier ou Sergent que
bon leur femblera , à la charge qu'ils feront tenus bailler bonne & fuffifante caution pardeuant nos Baillifs, Senefchaux
ou leurs Lietenans en la prefence de nos
Aduocats & Procureurs aufdits Baillia-
ges , de la fomme qui fera arbitrée par
nofdittes Chambres des Comptes fur leur
reception , ou pardeuant les Treforiers
Generaux de France de la Generalité , à
leur choix, dont ils feront tenus mettre le
Breuet aux Greffes defdittes Chambres
defdittes Villes auant qu'entrer en exercice , & de fe faire receuoir & prefter le
ferment en nofdittes Chambres, mefmes
d'en compter in icelles pour le fait defdits
deniers d'octroy; & pour le regard defdits
deniers patrimoniaux pardeuant lefdits
Maires , Efcheuins , Confuls , Iurats &
Capitouls, le tout comme il eft accouftu-
mé : lefquels comptes il leur fera loifible

de dreſſer ou faire dreſſer par vels Procureurs de noſdittes Chambres qu'ils voudront choiſir , & d'iceux faire faire deux doubles, l'vn pour leſdittes Villes, & l'autre pour eux , ainſi qu'il eſt accouſtumé. Defendons auſdits Commis de s'immiſcer à l'aduenir auſdittes receptes , & auſdits Maires, Eſchænins, Iurats & Capitouls d'entreprendre de nommer en icelles, ny de troubler & empeſcher leſdits Receueurs titulaires en l'exercice de leurs charges , à peine de nous reſpondre en leur propre & priué nom du preiudice que nous receurions en nos affaires par le retardement de l'eſtabliſſement que nous voulons eſtre fait deſdits Offices, nonobſtant ladite ſuppreſſion portée par ledit Edict de ladite année 1588. & toutes autres ſuppreſſions generales & particulieres deſdits offices, que nous auons reuoquées & reuoquons par ces preſentes, nonobſtant auſſi les rembourſemens qu'ils pourroient pretendre en auoir faits, à quoy nous voulons que l'on n'aye aucun egard , voulant que leſdits Commis ſoient contraints de remettre és mains deſdits Receueurs les deniers eſtans du fonds deſdittes recep-

tes : enſemble tous les Regiſtres, Eſtats,
Baux à fermes, Breuet de caution, & autres papiers concernans icelles, inconti-
nent qu'ils auront eſté receus en noſdittes
Chambres, ſans que pour quelque cauſe
& occaſion que ce ſoit leſdits Maires, Eſcheuins, Cõſuls, Iurats & Capitouls puiſſent eſtre receus à leuer les quittances deſdits offices, ny rembourſer ceux qui en
ſeront pourueus, declarant n'entendre
comprendre au preſent Edict noſtre bonne Ville de Paris, en laquelle nous voulons n'eſtre rien innoué. SI DONNONS
EN MANDEMENT à nos amez & feaux
Conſeillers les gens tenans noſtre Chambre des Comptes de Paris, Baillifs, Seneſ-
chaux, leurs Lieutenans & tous autres Iu-
ges & Officiers qu'il appartiendra, que
ces preſentes ils facent lire, publier & re-
giſtrer, garder, obſeruer & entretenir de
point en point ſelon leur forme & teneur,
ſans ſouffrir ny permettre qu'il y ſoit con-
treuenu en aucune maniere, & les pourueus deſdits offices iouïr & vſer d'iceux
pleinement & paiſiblement, ceſſans &
faiſant ceſſer tous troubles & empeſche-
mens au contraire, nonobſtant oppoſi-

tions ou appellations quelsconques, pour
lesquelles ne voulons estre differé. CAR
tel est nostre plaisir. Et afin que ce soit
chose ferme & stable à tousiours, nous
auons fait mettre nostre séel à cesdittes
presentes. DONNE' áu Camp deuāt Sainct
Iean au mois de Iuin, l'an de grace mil six
cens vingt vn , & de nostre le douziéme.
Signé, LOVIS, & plus bas Par le Roy:
DE L'OMENIE : & à costé, Visa : & seel-
lées sur lacs de soye : & au bas est écrit:

*Leu, publié & registré en la Cham-
bre des Comptes, oüy le Procureur Ge-
neral du Roy par le commandement de sa
Majesté porté par Monsieur le Comte de
Soissons, Pair & Grand Maistre de
France, assisté des Sieurs Mareschal de
Bassompierre, de Roissy & de Bullion
Conseillers en son Conseil d'Estat, le der-
nier Decembre mil six cens vingt-neuf.*

Signé,   BOVRLON.

LOVIS